En contrastes
ECUADOR

© Fernando Coloma R. • ISBN: 978-9942-01-155-8
Textos y fotografías: Fernando Coloma R. • Traducción al inglés: José Gabriel Coloma & Harry Zelenko
Diseño: Miguel Dávila P. - Soluciones Gráficas D&G • Digitalización de imágenes: Gustavo Moya • Impresión: Imprenta Mariscal
Quito, Ecuador, 2007
Pedidos / to order: Tel: (593 2) 2525 566 - (593 2) 2863 387

Prólogo

El planeta tierra enfrenta la sexta extinción masiva de especies de su historia evolutiva. Los científicos calculan que para finales de este siglo más del 50% de las especies de plantas y animales habrán desaparecido de la faz del planeta azul. A este "tsunami" de pérdida de diversidad biológica se suma la extinción de conocimientos, culturas y pueblos ancestrales. Todos ellos parecen sucumbir ante la embestida de la sobrepoblación humana, acompañada de la oprobiosa avalancha de un desarrollo cultural y tecnológico poco o nada respetuoso hacia la magnificente obra de la evolución biológica y creación divina. En tal panorama poco esperanzador todavía surgen voces silenciosas, miradas humildes, colores encantados, texturas finas, plumas de algodón, montañas durmientes, flores fragantes, aguas límpidas, pueblos serenos, hombres y mujeres sencillos. En las imágenes de este libro, todos ellos silenciosamente claman su derecho a existir.

Los ecuatorianos y los ciudadanos del mundo que hemos tenido la suerte de conocer el país más diverso de la Tierra, Ecuador, somos privilegiados. Me pregunto: ¿quién no se asombraría con la arquitectura y arte coloniales del Quito antiguo? ¿Quién podría dejar de deslumbrarse ante la blancura de los glaciares del nevado Chimborazo? ¿Quién no sentiría temor ante la bravura del apacible Volcán Cotopaxi? ¿Quién podría no inmutarse al ver el inmenso salto de agua en la cascada de San Rafael? ¿Quién no dibujaría una sonrisa frente a la mirada vivaz de un niño afroecuatoriano? ¿Quién no se alegraría con la letra triste de la música del Sanjuanito del hombre andino? ¿Quién podría ocultar su asombro al ver miles de sapos jambatos, hasta los años setentas, deambulando por los torrentosos ríos en los páramos del Parque Nacional Cotopaxi? ¿Quién no se enamoraría de la rana diablito de Santo Domingo de los Colorados? ¿Quién osaría romper la calma de un durmiente lobezno marino en las Islas Galápagos? ¿Quién no envidiaría el cortejo galante de un piquero patiazul? ¿Quién resistiría al hechizo del azul escarlata de la mariposa morfo? ¿Quién se atrevería siquiera a cortar la más pequeña rama de un gigante de 50 metros y multicentenario árbol de Ceibo en el Parque Nacional Yasuní? ¿Quién no guardaría silencio al sonar del chirrido de las cigarras y el bisbiseo de la vida en un atardecer en las Lagunas de Lagartococha en Cuyabeno?

Dice un refrán popular: "poco se valora lo que se tiene hasta que se lo pierde." Esto es verdad hoy más que nunca. Ranas y sapos, arrecifes coralinos, abejas son las primeras víctimas del cambio climático global. Por ejemplo, no menos de 141 especies de ranas y sapos ecuatorianos están en inminente peligro de extinción; por esto los biólogos hemos tenido que recurrir a criarlos en laboratorios hasta que los efectos del cambio climático puedan mitigarse. Los glaciares de los nevados desaparecen vertiginosamente frente al mismo verdugo, mientras que los ríos se secan. El río Salinas en la Provincia de Bolívar, otrora un gran y torrentoso río, hoy no es más que un reflejo de lo que fue. Los Tagaeri (Huaorani, grupo amerindio de la Amazonía) se desvanecen sin que su voz y su verdad hayan sido escuchadas. Los remanentes de bosques lluviosos húmedos tropicales del Chocó ecuatoriano caen víctimas frente a la barbarie de la industria maderera. 198.000 hectáreas de bosques naturales se deforestan cada año en el Ecuador. Sus milenarios árboles de Cedro y Caoba enfrentan los embates finales previos a su extinción. El solitario Jorge (la última tortuga gigante sobreviviente de su especie) vive apacible sus últimos años en las Islas Galápagos.

A pesar de todo ello, aquí están todavía, y se muestran en este libro, el Ecuador de gente alegre, buena, hospitalaria, trabajadora, multicultural y multilingüe. Aquí están el Ecuador megadiverso, el Ecuador de la vida en estado puro, el Ecuador mágico y natural, el Ecuador de la avenida de volcanes y de la ruta del sol; aquí están el Ecuador de las Islas Encantadas, el Ecuador dueño del mayor laboratorio natural del mundo; aquí están el Ecuador y sus contrastes.

Luis A. Coloma, Ph. D.
Conservador de Herpetología
Museo de Zoología
Pontificia Universidad Católica del Ecuador

Prologue

The planet Earth faces the sixth massive extinction of species in its evolutionary history. Scientists calculate that by the end of this century more than half of the species of plants and animals will have disappeared from our blue planet. To this "tsunami" of loss of biological diversity is added the extinction of knowledge, and of old, established cultures and people. All of this succumbs to the onslaught of human overcrowding accompanied by the shameful avalanche of cultural and technological development that has little or no respect for the magnificent results of biological evolution and divine creation. Yet, there is still a faintly hopeful panorama of serene people, simple men and women, silent voices, humble looks, enchanting colors, rich textures, feathery cotton, sleeping mountains, fragrant flowers, and limpid waters. In the images of this book, all of them silently cry out for their right to exist.

Those Ecuadorians and the citizens of the world who have been fortunate to know the most diverse country on Earth, Ecuador, are privileged. I wonder who would not be astonished when seeing the architecture and colonial art of ancient Quito? Who could not be dazzled by the whiteness of the snow-capped mountain called Chimborazo with its glaciers? Who would not be thrilled sensing the greatness of the volcano Cotopaxi? Who might not also be thrilled when looking at San Rafael's waterfall with its tremendous force of water? Who would not draw a smile from the vivacious look of an Afro-Ecuadorian child? Who would not react to the sad story told with the Sanjuanito music about Andean people? Who could not be amazed having seen thousands of jambato toads, all through the nineteen seventies, in the paramo of Cotopaxi National Park, with its fast-running rivers? Who would not fall in love with the little frog of Santo Domingo de los Colorados that they call "diablo"? Who would want to wake a sleeping baby sea wolf in the Galapagos Islands? Who would not envy the gallant courtship of the Blue-footed Booby? Who could resist the beauty of the iridescent blue of a morpho butterfly? Who would dare to cut off the smallest branch of a giant fifty-meter tall, two hundred or more year old Ceibo tree in the Yasuní National Park? Who would not be silent to hear the musical chirp of the cicadas and the soft sounds of life at dusk in Lagartococha's lagoons in Cuyabeno?

A popular proverb says: "little value is given to what is had until one loses it." This is true today more than ever. Frogs and toads, coral reefs, and bees have been the first victims of climatic global change. For example, more than 140 Ecuadorian frog and toad species are in imminent danger of extinction, therefore biologists have had to resort to raising them in laboratories, hoping that the effects of climatic change can be mitigated. The glaciers of our snow-capped mountains disappear driven by the same conditions, and rivers are drying up. For instance, the river Salinas in Bolívar province, which was once a great, fast-running river, is today a memory of what it was. The Tagaeri (Amerindians called Huaorani from the Amazon area) are fast disappearing along with their unrecorded oral history. The trees of tropical rain forests in the Ecuadorian Chocoan region have fallen victim to the barbarism of the timber industry: a half million acres of natural forests disappear every year in Ecuador. Cedar and mahogany trees, some more than a thousand years old, are threatened with extinction. George, the name of the last surviving giant tortoise of its species, lives his last years alone on a Galapagos island.

In spite of all this devastation, there are survivors, and they are in this book… the Ecuador of good, hospitable, hard-working, multi-cultural, multi-lingual people. And here is the mega-diversity of Ecuador, the Ecuador of life in its pure state with its magic of nature, the Ecuador of volcanoes, the Ecuador that straddles the Equator. Here in this book is the Ecuador of the enchanted Galapagos Islands, the Ecuador which is a primary natural laboratory of the biodiversity of the world. And here is Ecuador with all its beauty and contrasts.

Luis A. Coloma, Ph. D
Curator of Herpetology
Museum of Zoology
Pontificia Universidad Católica del Ecuador

Volcanes Tungurahua (5.023 msnm) y Altar o Cápac Urcu (5.319 msnm), julio de 2006.
Tungurahua es un nombre quichua que significa garganta de fuego.

Los Ilinizas (5.248 msnm). Este volcán es uno de los más singulares del mundo, debido a su forma de doble cima. Provincia de Cotopaxi.

Atardecer cerca de Santo Domingo de los Colorados, estos pambiles son una de las 120 especies nativas de palmas ecuatorianas. Provincia de Pichincha.

Playa de Mompiche, lugar ideal para los amantes del surf. Provincia de Esmeraldas.

Lagunas de la Reserva de Producción Faunística Cuyabeno.
Este paraíso natural está ubicado en el Oriente Ecuatoriano, sobre la línea Ecuatorial, y ha sido gravemente afectado por derrames petroleros. Provincia de Sucumbíos.

Playa Brava de la Bahía Tortuga (Tortuga Bay). Tiene excelentes olas para practicar surf. Isla Santa Cruz, Provincia de Galápagos.

Playa Las Bachas. Isla Santa Cruz, detrás de estas playas hay pequeñas lagunas con flamingos y otras aves lacustres. Provincia de Galápagos.

Tortugas Galápagos (*Chelonoidis hoodensis*), Estación Científica Charles Darwin. Isla Santa Cruz.

Lobo marino de Galápagos, Galápagos sea wolf (*Zalophus wollebaeki*). La Estación Científica Charles Darwin lleva a cabo un proyecto para evaluar el grado de mortalidades producidas por la pesca accidental. Isla Isabela, Provincia de Galápagos.

Volcán Antisana (5.753 msnm), Antisana es un vocablo cañari que significa cordero o montaña oscura. Provincias de Napo y Pichincha.

El Cotopaxi es uno de los volcanes activos más altos del mundo (5.897 msnm). Su última erupción fue en 1904. Provincia de Cotopaxi.

Volcán Iliniza Sur (5.248 msnm). No se ha registrado actividad volcánica reciente relacionada con este volcán. Provincia de Cotopaxi.

Atardecer, mirando hacia la costa desde la Cordillera Occidental de los Andes.

Volcán Cayambe (5.790 msnm). Está situado sobre la línea Ecuatorial. Provincia de Pichincha.

Atardecer, mirando hacia la costa desde la Cordillera Occidental del los Andes.

El Chimborazo (6.310 msnm) es la montaña más alta del Ecuador. La rápida desaparición de sus glaciares se atribuye al cambio climático global. Provincia de Chimborazo.

Por cientos de años el hombre andino ha trabajado en minga, un medio de organización social que ayuda a un mejor manejo del suelo y el agua. Provincia de Tungurahua.

Los Ilinizas (5.248 msnm). El pico sur representa un verdadero reto para los más expertos andinistas. Provincia de Cotopaxi.

Atardecer en la Provincia de Bolívar. Se llama así en honor al Libertador Simón Bolívar.

Volcán Cayambe (5.790 msnm). El naturalista británico Edward Whymper fue el primero en llegar a su cumbre en 1880.

Atardecer, mirando hacia la costa desde la Cordillera Occidental de los Andes.

Vicuñas en el Chimborazo (6.310 msnm). La vicuña desapareció de Ecuador durante algunos siglos y fue reintroducida desde 1988.

Atardecer, mirando hacia la costa desde la Cordillera Occidental de los Andes.

Volcán Cotopaxi (5.897 msnm), nombre quichua que significa cuello de luna.

Volcán Rumiñahui (4.721 msnm), nombre quichua que significa ojo de roca. Provincia de Cotopaxi.

El volcán Chimborazo visto desde la Provincia de Bolívar.

Llamas (*Lama glama*) en la vía a Papallacta. Provincia de Pichincha.

Indígenas Puruháes. Provincia de Chimborazo.

El Chimborazo (6.310 msnm), su cumbre es la más distante del centro de la tierra.

Volcán Iliniza Sur (5.248 msnm), sus paredes de hielo, algunas de 80° de inclinación, y sus numerosas grietas son un desafío para los andinistas.

Lagunas de Ozogoche.
Aquí, en septiembre, ocurre el misterioso suicidio masivo de los pájaros cuvivíes.
Provincia de Chimborazo.

Festival de danza y música de los indígenas de Zula, luego del suicidio de los pájaros cuvivíes. Provincia de Chimborazo.

Zumbahua. La rotación de cultivos y la asociación de especies son parte de las técnicas indígenas tradicionales. Provincia de Cotopaxi.

Vía Ambato - Guaranda.

En el páramo ecuatoriano trabajan alrededor de 500.000 personas. Provincia de Chimborazo.

Vicuñas (*Vicugna vicugna*), se estima que su población en Ecuador es de más de 2.000 ejemplares. Páramos del Chimborazo.

Los Puruháes tenían una monarquía, y sucedía simpre el hijo varón.
Provincia de Tungurahua.

Zumbahua. Provincia de Cotopaxi.

Alluriquín. Provincia de Pichincha.

Alluriquín. Provincia de Pichincha.

Volcán Cotopaxi (5.897 msnm). Parque Nacional Cotopaxi.

El Chimborazo, visto desde la Provincia de Bolívar.

Guanujo, un pueblo andino donde habitaron indígenas Guanujos y Tomabelas. Provincia de Bolívar.

Guaranda, capital de la Provincia de Bolívar. Se ubica al pie del nevado Chimborazo y son famosos sus carnavales.

Volcán Quilindaña (4.878 msnm), su nombre quichua significa lugar donde hace frío.

Campos de la Provincia de Chimborazo. Cultivos andinos reemplazan a la vegetación de los páramos.

La feria de Guamote sigue las tradiciones de los puruháes, habitantes autóctonos de la zona. Provincia de Chimborazo.

Baños. Provincia de Tungurahua.

Plaza de San Francisco, Quito. Provincia de Pichincha.

Atardecer, mirando hacia la costa desde la Cordillera Occidental de los Andes.

San Miguel de Bolívar, en la Hoya de Chimbo. Provincia de Bolívar.

Laguna de Quilotoa. Una leyenda cuenta que en este cráter aparecía el Dios Quilotoa, que arrojaba fuego al Dios Toachi. Provincia de Cotopaxi.

Atardecer, mirando hacia la costa desde la Cordillera Occidental de los Andes.

Apuela, este poblado nació hace un siglo y posee aguas termales. Provincia de Imbabura.

Zumbahua, este poblado está rodeado por altos picos de andesita (roca volcánica) y terrazas de cultivo. Provincia de Cotopaxi.

Catedral de Biblián, santuario de la Virgen del Rocío. Provincia de Cañar.

Quito y el Rucu Pichincha (4.627 msnm). Rucu es un nombre quichua que significa viejo.

Quito y el Cotopaxi (5.897 msnm). El Cotopaxi es el segundo volcán más alto del Ecuador.

Centro de Quito, el Panecillo y el Cotopaxi.

Centro de Quito y el Panecillo. El nombre indígena del Panecillo es Shungoloma, nombre quichua que significa loma del corazón.

Quito colonial. Quito fue una de las capitales del Imperio Inca.

Casas típicas del Quito colonial. El período colonial hispánico ocurrió en los siglos XVI a XVIII.

Casas del Quito colonial y el Panecillo en el fondo.

Quito colonial. La capital del Ecuador atesora el casco histórico más grande y antiguo de Latinoamérica.

Centro de Quito y la Basílica del Voto Nacional en el fondo. La Basílica es una de las grandes catedrales de América.

Barrio de Guápulo. Quito. Las tranquilas calles de Guápulo sirven de inspiración a pintores y poetas.

Mindo, es un lugar para los amantes de la naturaleza y en especial de las aves. Provincia de Pichincha.

Atardecer cerca de Santo Domingo de los Colorados. Provincia de Pichincha.

Pedernales, fue el asentamiento de la cultura Jama-Coaque que vivía de la agricultura y recursos marinos. Provincia de Manabí.

Ceibos cerca de Manta. El ceibo es un árbol legendario de los bosques secos del Ecuador. Provincia de Manabí.

Playa de Mompiche, es una de las playas más hermosas del Ecuador. Provincia de Esmeraldas.

En el Ecuador existen 27 nacionalidades, pueblos indígenas y negro-afroecuatorianos.
Provincia de Esmeraldas.

Provincia de Pichincha.

Humedales cerca de Rocafuerte. Rocafuerte es el granero de la Provincia de Manabí por sus cultivos de arroz.

Atardecer cerca de Santo Domingo de los Colorados. Estas palmas se conocen como pambiles. Provincia Pichincha.

Playa de Mompiche. Es una de las mejores playas de la costa del Pacífico. Provincia de Esmeraldas.

Cultivos de arroz cerca de Quevedo, Provincia de Los Ríos. La agricultura intensiva domina el paisaje de esta provincia. Sus selvas casi han desaparecido.

Playa de los Frailes, Parque Nacional Machalilla. Provincia de Manabí.

Playa de Chirije, se encuentra cerca a Bahía de Caráquez. Provincia de Manabí.

Playas de la Provincia de Manabí. Esta provincia posee 350 km de playas.

Atardecer en Canoa. Provincia de Manabí.

Río Cayapas. En sus orillas viven los indios cayapas y afroecuatorianos. Provincia de Esmeraldas.

Playa de Mompiche. Esta región incluye al bosque siempre verde húmedo de tierras bajas. Provincia de Esmeraldas.

Playa de arena negra. Provincia de Esmeraldas.

Playa de Tonchigüe. Este es un pequeño pueblo de pescadores. Provincia de Esmeraldas.

Playa de Mompiche. En estas playas se puede practicar surf en cualquier época del año. Provincia de Esmeraldas.

Guayaquil y el Río Guayas, la ciudad más poblada del Ecuador. Provincia del Guayas.

Salinas. Recibe anualmente a 1'000.000 de turistas. Provincia del Guayas.

Misahuallí. Este primer puerto del Napo ofrece recorridos por la selva, ríos, playas, lagunas y cascadas de la Amazonía. Provincia de Napo.

Cascada de San Rafael, con 160 mts de altura, tiene 3 saltos menores. Río Quijos, Provincia de Napo.

Guacamayo escarlata, Scarlet Macaw (*Ara macao*), tiene una sola pareja en su vida.

Guacamayo azul y amarillo, Blue and yellow Macaw (*Ara ararauna*). Vive en grupos de 25 a 30 individuos.

Gallinazo de cabeza negra, Black vulture (*Coragyps atratus*). Se alimentan de carroña.

89

Tapir amazónico o Danta (*Tapirus terrestris*) cerca de Coca. Provincia de Orellana.

Capibara (*Hydrochoerus hydrochaeris*) cerca de Coca. Es el roedor de mayor tamaño y peso del mundo. Provincia de Orellana.

Labios de negra, sombrerito del diablo (*Psychotria poepigiana*). Tiene usos medicinales como desinfectante y para el tratamiento de la erisipela. Parque Nacional Yasuní.

Heliconia, estas plantas protejen las fuentes de agua. Provincia de Pastaza.

Río Hollín, en él se practican deportes acuáticos como el kayak. Provincia de Napo.

Volcán Sangay (5.230 msnm), visto desde la vía Puyo - Tena. Es el volcán más activo del Ecuador.

Puyo, capital de la Provincia de Pastaza y el volcán Sangay (5.230 msnm). Puyo fue fundada en 1899.

Un afluente del río Pastaza, sus aguas van al Río Amazonas. Provincia de Tungurahua.

El Volcán Tungurahua (5.023 msnm), visto desde la vía Puyo - Tena, a mediados de los años 90. Luego del incremento de la actividad volcánica en 1999, los glaciares de su cumbre se derritieron.

Volcán Altar (5.320 msnm), visto desde la vía Puyo - Tena. Su nombre inca es Capac Urcu, que significa montaña majestuosa.

Lagunas de la Reserva de Producción Faunística Cuyabeno.
Son el hábitat ideal para algunas especies en peligro de
extinción, tales como el manatí y el delfín amazónico.

101

Cascadas del río Pucayacu. En este río vive el jambato amazónico, una especie de rana arlequín que todavía sobrevive después de la extinción de un centenar de sus congéneres Provincia de Pastaza.

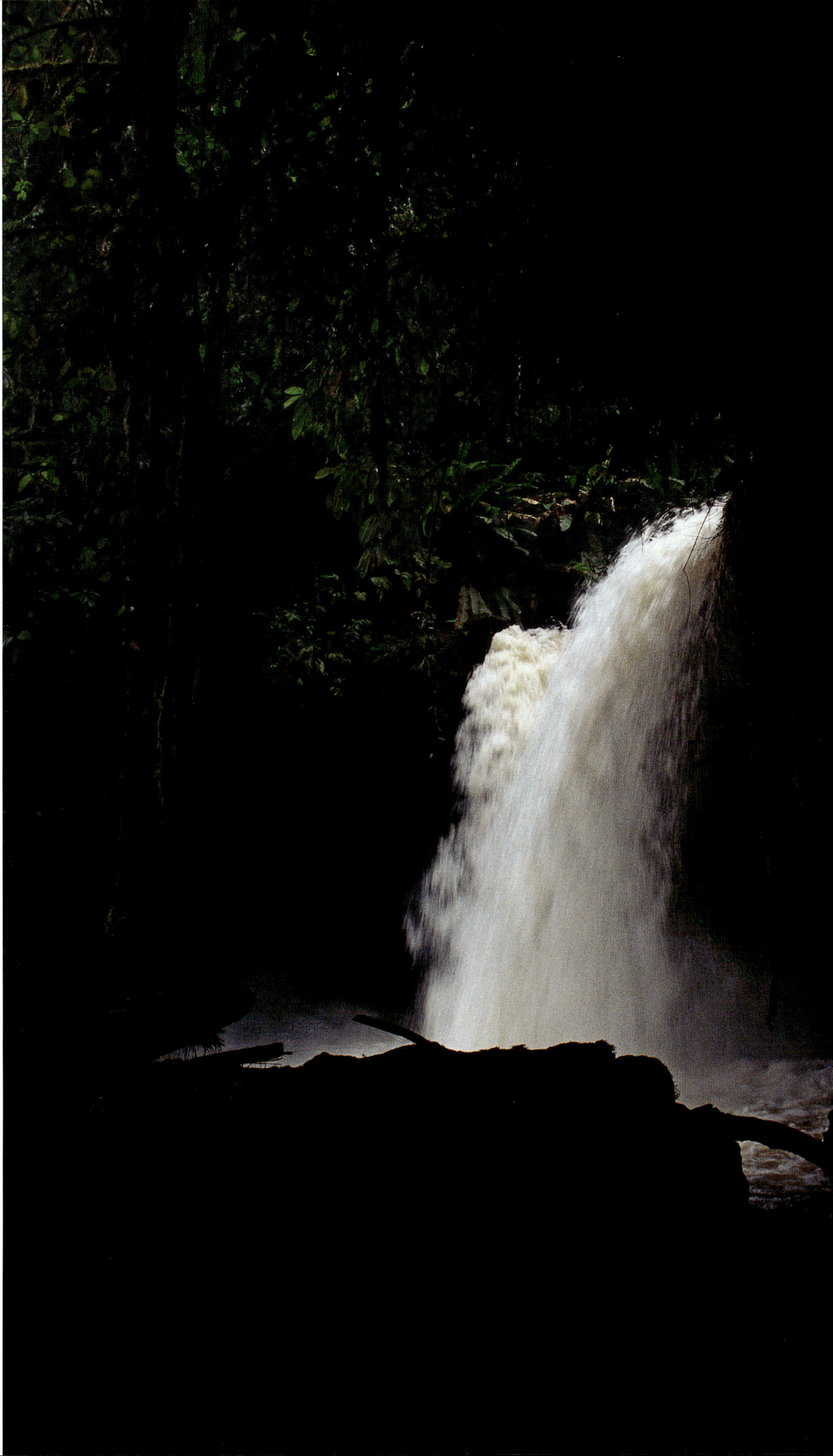

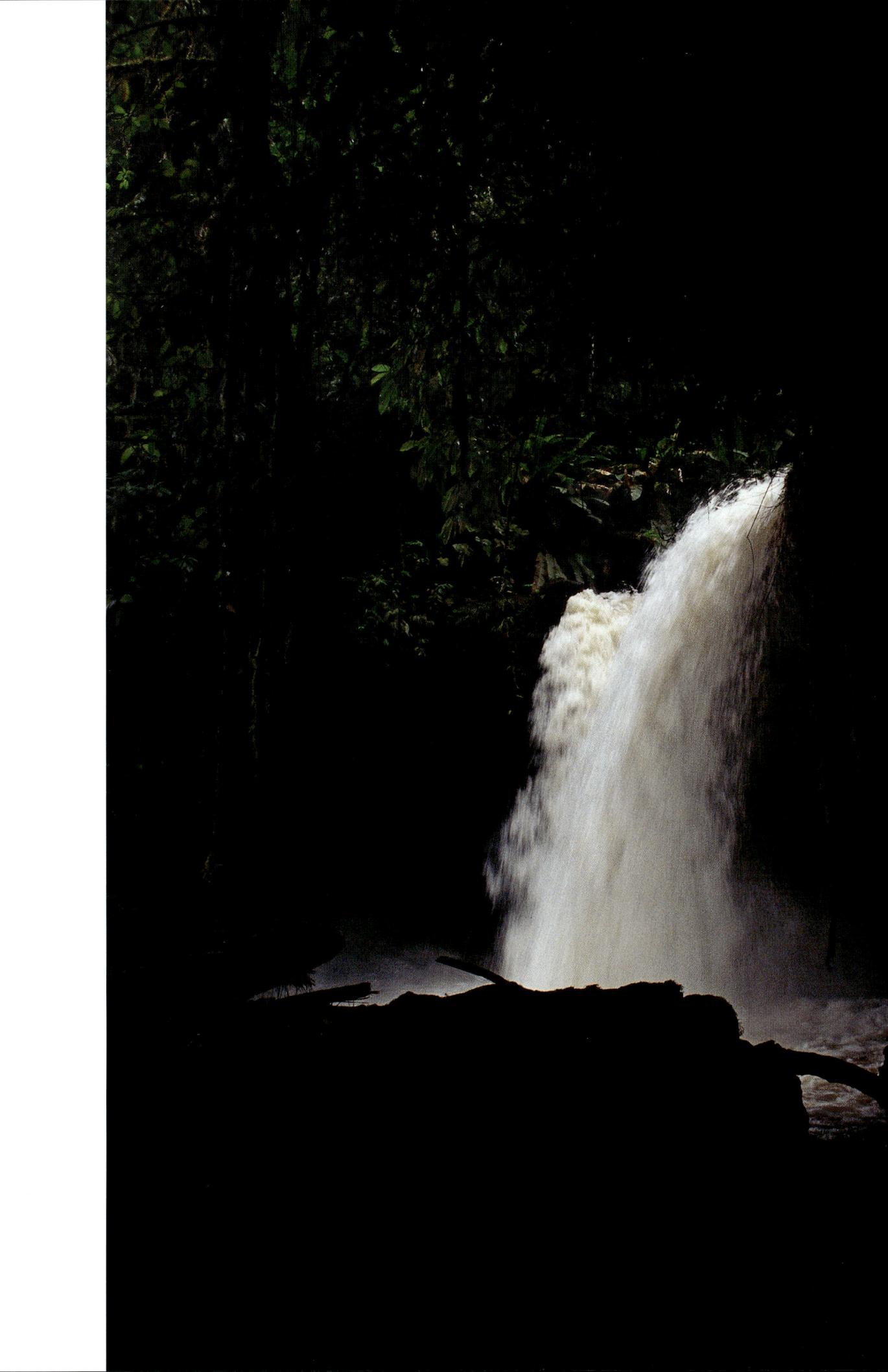

Río Misahuallí. Este río forma parte de la cuenca del Amazonas. Provincia de Napo.

Hongos en la corteza de un árbol y flor de una piña silvestre (*Chevaliera strobilacea*).
Provincia de Pastaza.

Guacamayos (*Ara macao* y *Ara chloroptera*). Centro Experimental Fátima *www.zanjarajuno.org*, km 9, vía Puyo - Tena.

Danta o Tapir Amazónico (*Tapirus terrestris*). Pareja acariciándose, un evento poco común. Centro Experimental Fátima.

Capibara (*Hydrochoerus hydrochaeris*). Centro Experimental Fátima, km 9, vía Puyo - Tena.

108

Mono barizo o ardilla (*Saimiri sciureus*) / tortugas charapas (*Podocnemis unifilis*). Centro Experimental Fátima, km 9, vía Puyo - Tena, Provincia de Pastaza.

Quilico, American Kestrel (*Falco sparverius*). Puede detenerse en el aire y mantenerse en suspensión en el mismo sitio.

Gorrión, Chingolo, Rufous-collared Sparrow (*Zonotrichia capensis*). Incuban 4 a 5 huevecillos de color turquesa y pintas pardas. Las peleas entre machos son intensas en la época de apareamiento.

Tangara hormiguera coronirroja, Red-crowned Ant-tanager (*Habia rubica*). Usualmente se ven en parejas. El macho es rojo mientras que la hembra es café. Puyo.

Tirano de Agua Enmascarado, Masked Water-tyrant (*Fluvicola nengeta*). Habita ambientes acuáticos con vegetación, manglares, aguas cenagosas, etc.

Chilalo, Hornero del Pacífico, Pacific Hornero (*Furnarius cinnamomeus*). Construye un nido de barro en forma de bóveda, o de un horno tradicional de barro. Alluriquín.

Garrapatero Piquiliso, Smooth-billed Ani (*Crotophaga ani*). Tiene una extensa área de distribución desde Florida a través de las Antillas hasta Trinidad, y desde Costa Rica hasta el norte de Argentina. Mindo.

Quinde herrero, Sparkling Violet-ear (*Colibri coruscans*). Defiende sus territorios agresivamente.

Quilicos, American Kestrel (*Falco sparverius*), se alimenta de roedores, lagartijas, aves pequeñas, etc. Valle de los Chillos, Provincia de Pichincha.

Colibrí Ventrivioleta, Violet-bellied Hummingbird (*Damophila julie*) Hembra. Los colibríes se alimentan principalmente de néctar de flores para obtener las calorías que les permiten volar, las proteínas las obtienen de pequeños insectos.

Mirlo Grande, Great trush (*Turdus fuscater*). Come frutos, gusanos, insectos e incluso ranas. Construye su nido con variedad de vegetales secos.

Guiragchuro, Southern Yellow Grosbeak (*Pheucticus chrysogaster*). Habita desde el sur de Estados Unidos hasta el sur de Perú.

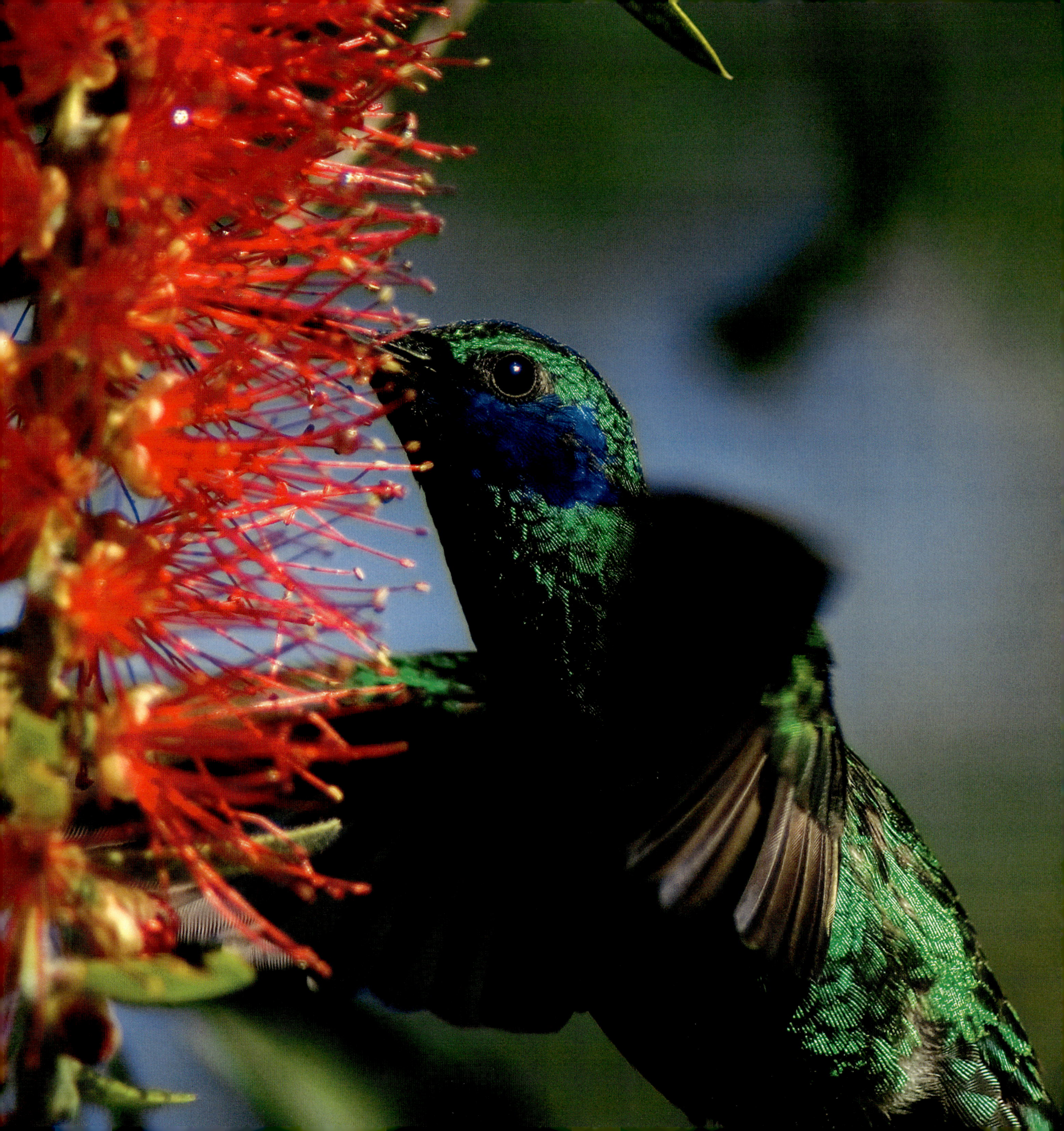

Quinde herrero, Sparkling Violet-ear (*Colibri coruscans*).
Es abundante en los jardines de las ciudades andinas.

Guiragchuro, Southern Yellow Grosbeak (*Pheucticus chrysogaster*). Habita en jardines y zonas de cultivos.
Valle de los Chillos, Provincia de Pichincha.

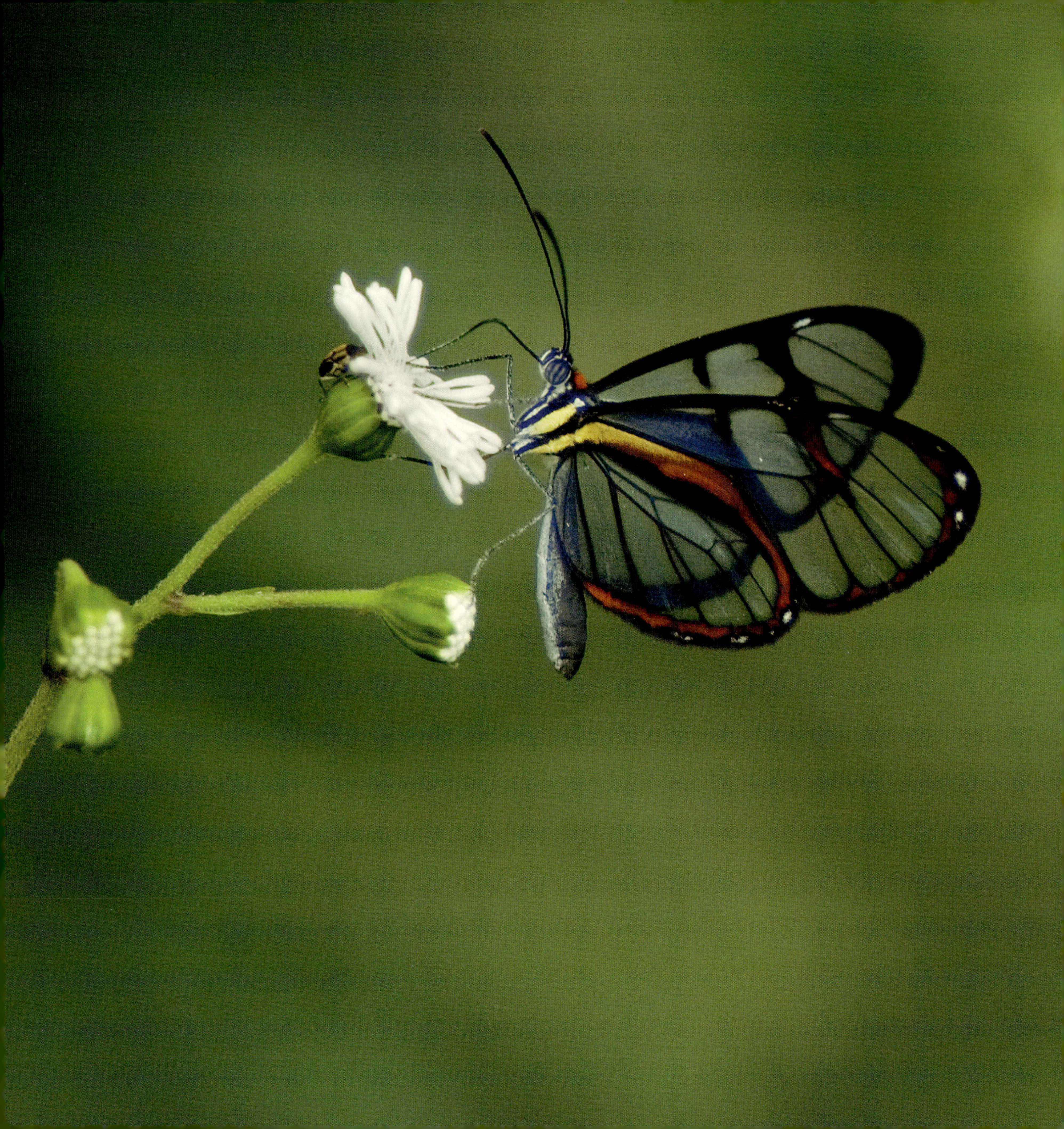

Mariposa de Alas Transparentes, Daggerwing Butterfly (*Marpesia berania*). Viven hasta cinco meses. Descansan por las noches en grupos de hasta cerca de setenta individuos. Alluriquín, Provincia de Pichincha.

Mariposa, Large Tiger (*Lycorea cleobaea*). Se la encuentra en partes soleadas.

Mariposa, Butterfly (*Heliconius sarasprucei*). Se alimenta de polen a diferencia de muchas otras mariposas.

Mariposa, Butterfly (*Marpesia berania*).

Mariposas amarillas, *Phoebis* sp. (Pieridae), mariposa roja, *Dryas julia* (Heliconidae).

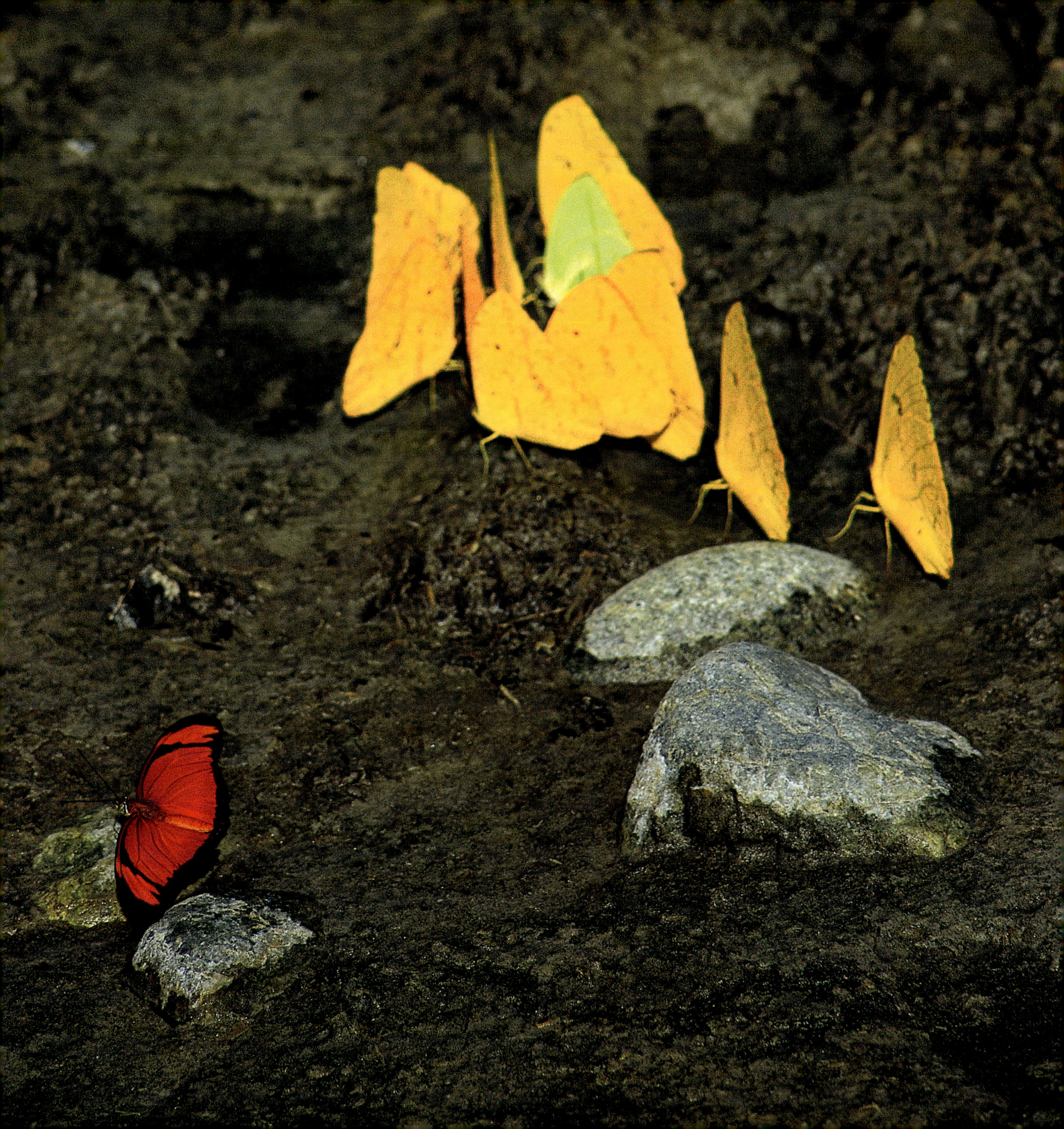

Mariposa, Butterflie (*Anartia amathea*).

Mariposa Morfo, Blue Morpho (*Morpho peleides*).

Yramea st.

Mariposa, Julia Heliconian (*Dryas julia moderata*). Su sabor es desagradable para las aves.

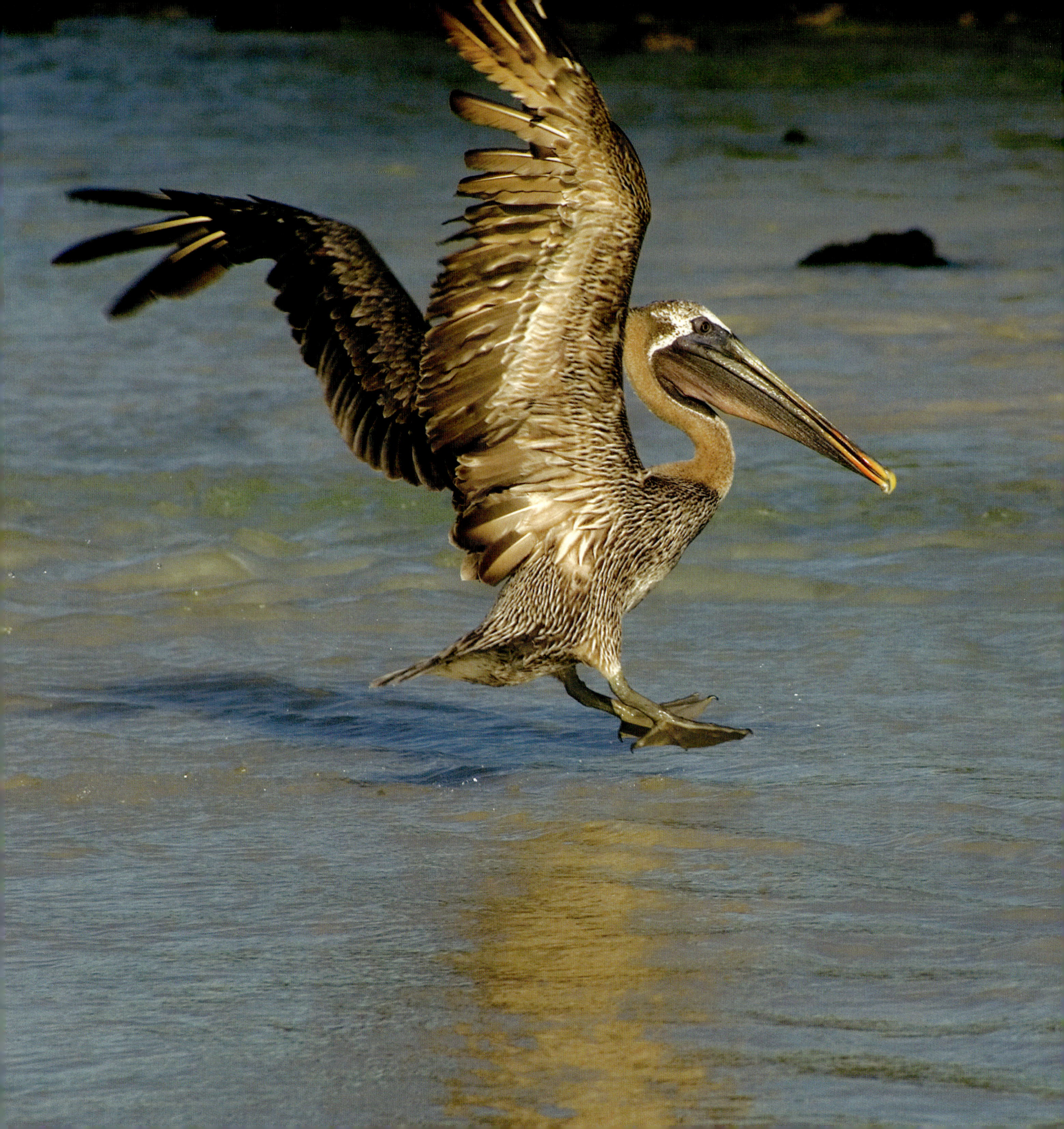

Pelícano de Galápagos. La mitad de las especies de aves de Galápagos, todos los reptiles, el 25% de los peces, el 32% de las plantas y muchos invertebrados viven exclusivamente en este archipiélago, ubicado 1.000 km al occidente de la costa ecuatoriana, compuesto por trece islas grandes, seis pequeñas y más de cuarenta islotes que emergieron hace 5 millones de años como resultado de erupciones volcánicas submarinas.

Pelícano Pardo, Brown Pelican (*Pelecanus occidentalis*). Pesticidas como el DDT y Dieldrín amenazan su futuro. Galápagos.

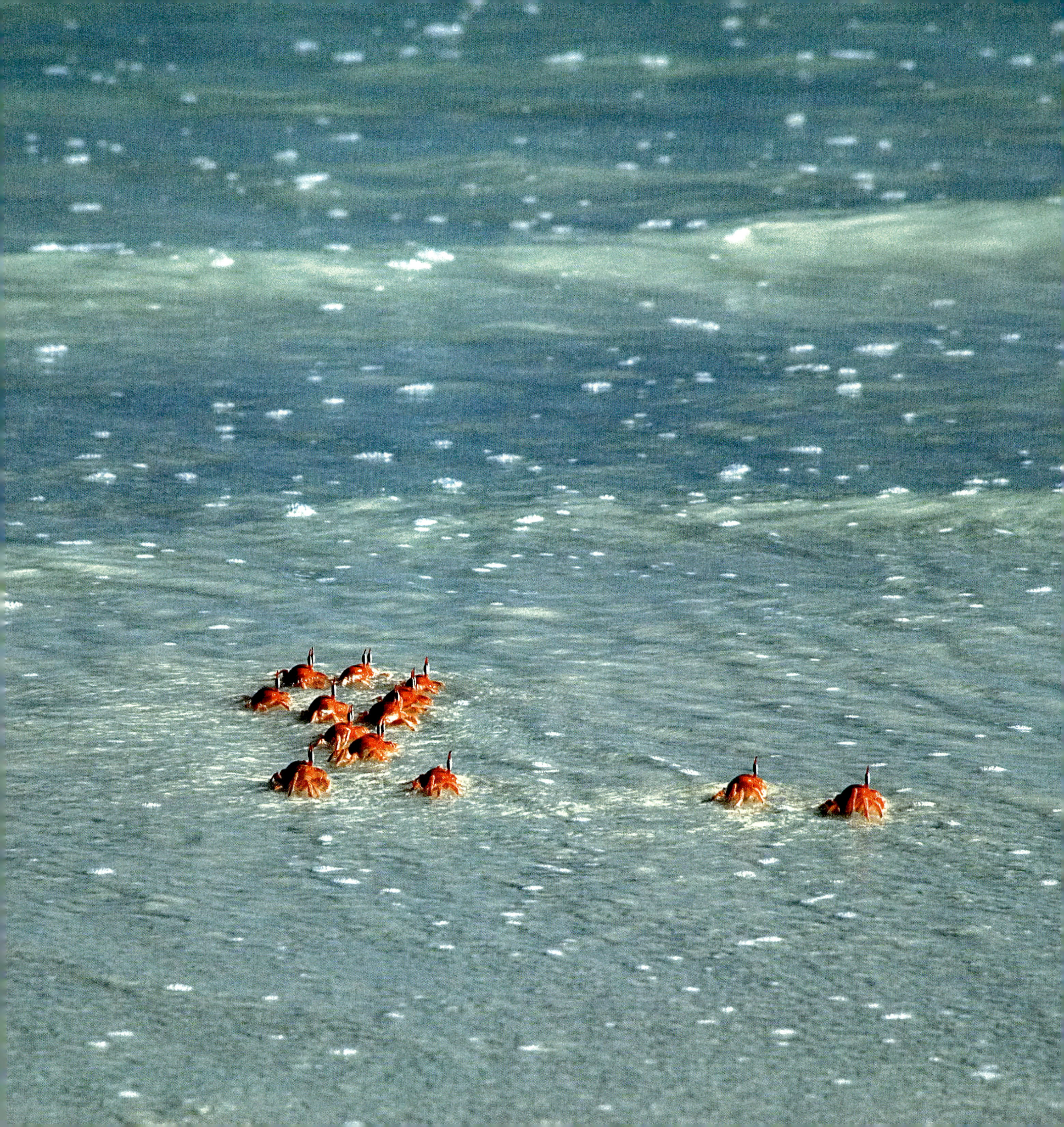

Zayapa o Abuete Negro, Red Rock Crab (*Grapsus grapsus*).
Las crías son de color negro. Isla Santa Cruz, Galápagos.

Iguanas Marinas de Galápagos, Galápagos Marine Iguanas (*Amblyrhynchus cristatus*). Tienen la capacidad, única entre los lagartos modernos, de vivir y buscar alimento en el mar.

Tortugas gigantes de Galápagos, Hood Island giant tortoises (*Chelonoidis hoodensis*). Su población colapsó cerca de 1850. Se crían en la Estación Científica Charles Darwin y 79 individuos han sido reintroducidos a la Isla Española.

Canal del amor. Isla Santa Cruz, Galápagos.

Iguana Marina, Galápagos Marine Iguana (*Amblyrhynchus cristatus*). Playa Las Bachas, Galápagos.

Puerto Ayora. Fue nombrado en honor al Presidente Isidro Ayora. Isla Santa Cruz, Galápagos.

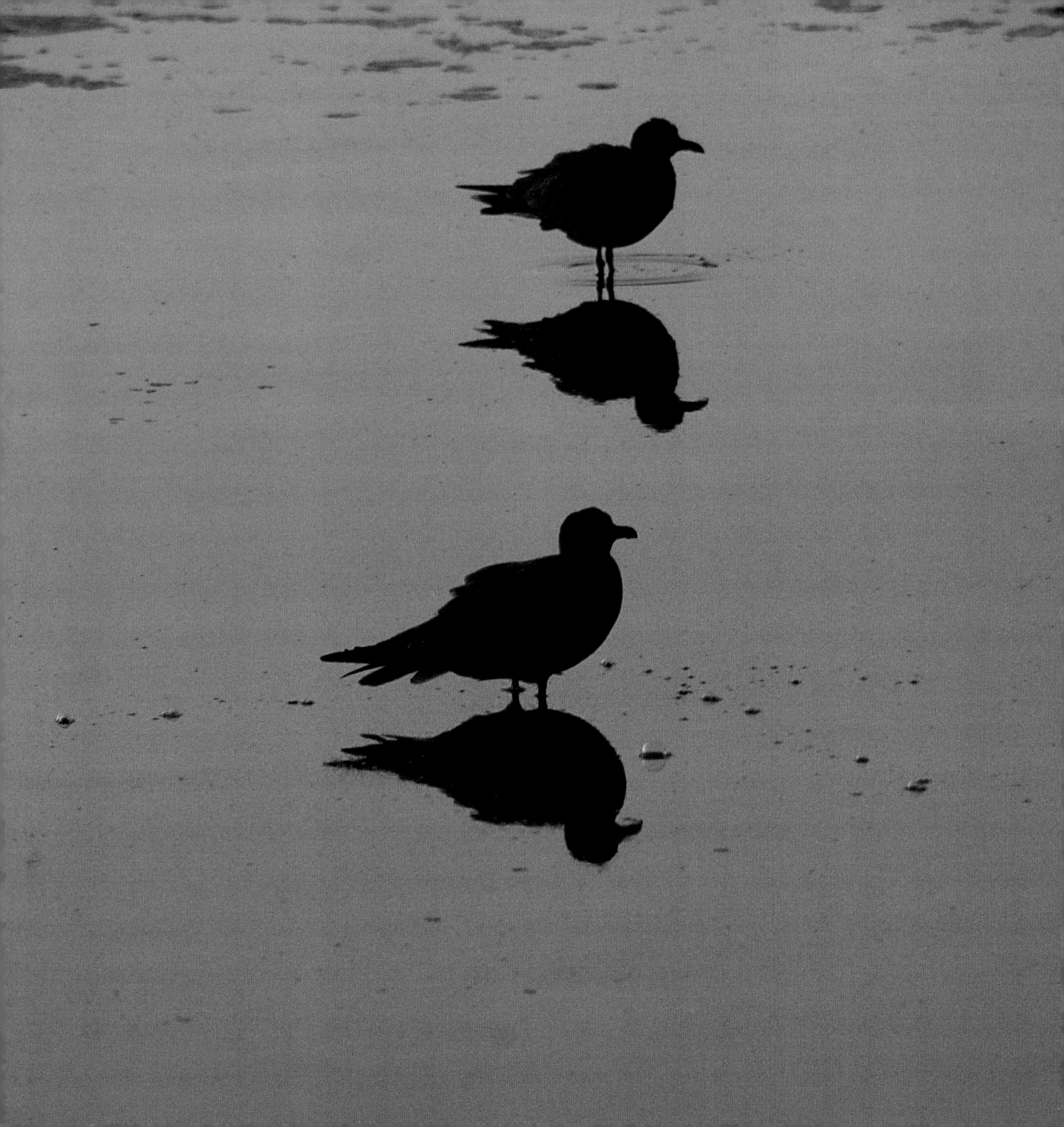

Gaviotas. Galápagos.

Playa Garrapatero. El agua color turquesa caracteriza a esta playa virgen. Isla Santa Cruz, Galápagos.

Pelícano Pardo, Brown Pelican (*Pelecanus occidentalis*), anidan en colonias. Galápagos.

Iguanas Marinas, Galápagos Marine Iguanas (*Amblyrhynchus cristatus*), sus ancestros habrían arribado desde las costas continentales.

Iguanas Marinas, Galápagos Marine Iguanas (*Amblyrhynchus cristatus*). Bucean hasta 15 metros de profundidad, en busca de algas.

Piquero Patiazul, Blue–footed Booby (*Sula nebouxii*). Su cortejo consiste en que el macho muestra sus patas azules y realiza danzas para impresionar a la hembra. Galápagos.

Isla Bartolomé. Sus cráteres le dan una apariencia lunar. Galápagos.

Iguana Marina, Galápagos Marine Iguana (*Amblyrhynchus cristatus*) en Playa Brava de la Bahía Tortuga (Tortuga Bay). Los machos son muy territoriales en época de apareamiento.

Atardecer en
Isla Isabela.
Galápagos.

Atardecer en
Isla Santa Cruz.
Galápagos.

Bahía Tortuga (Tortuga Bay). Esta es la más grande y famosa playa de arena de coral blanco en Galápagos.

Zayapa o Abuete Negro, Red Rock Crab (*Grapsus grapsus*). Se alimenta de algas y pequeños restos de animales. Playa Las Bachas, Galápagos.

Playa Mansa de la Bahía Tortuga (Tortuga Bay). En sus aguas quietas y cristalinas se pueden observar tortugas marinas. Galápagos.

Pingüinos de Galápagos, Galápagos Penguins (*Spheniscus mendiculus*). Se trata del pingüino más pequeño del mundo. A sus huevos les toma unos cuarenta días para eclosionar.

Flamingo, Greater Flamingo (*Phoenicopterus ruber*). Ambos padres cuidan, por cerca de un mes, a uno o dos polluelos semi precoces. Galápagos.

Iguana Marina (*Amblyrhynchus cristatus*) y Zayapas (*Grapsus grapsus*). Galápagos.

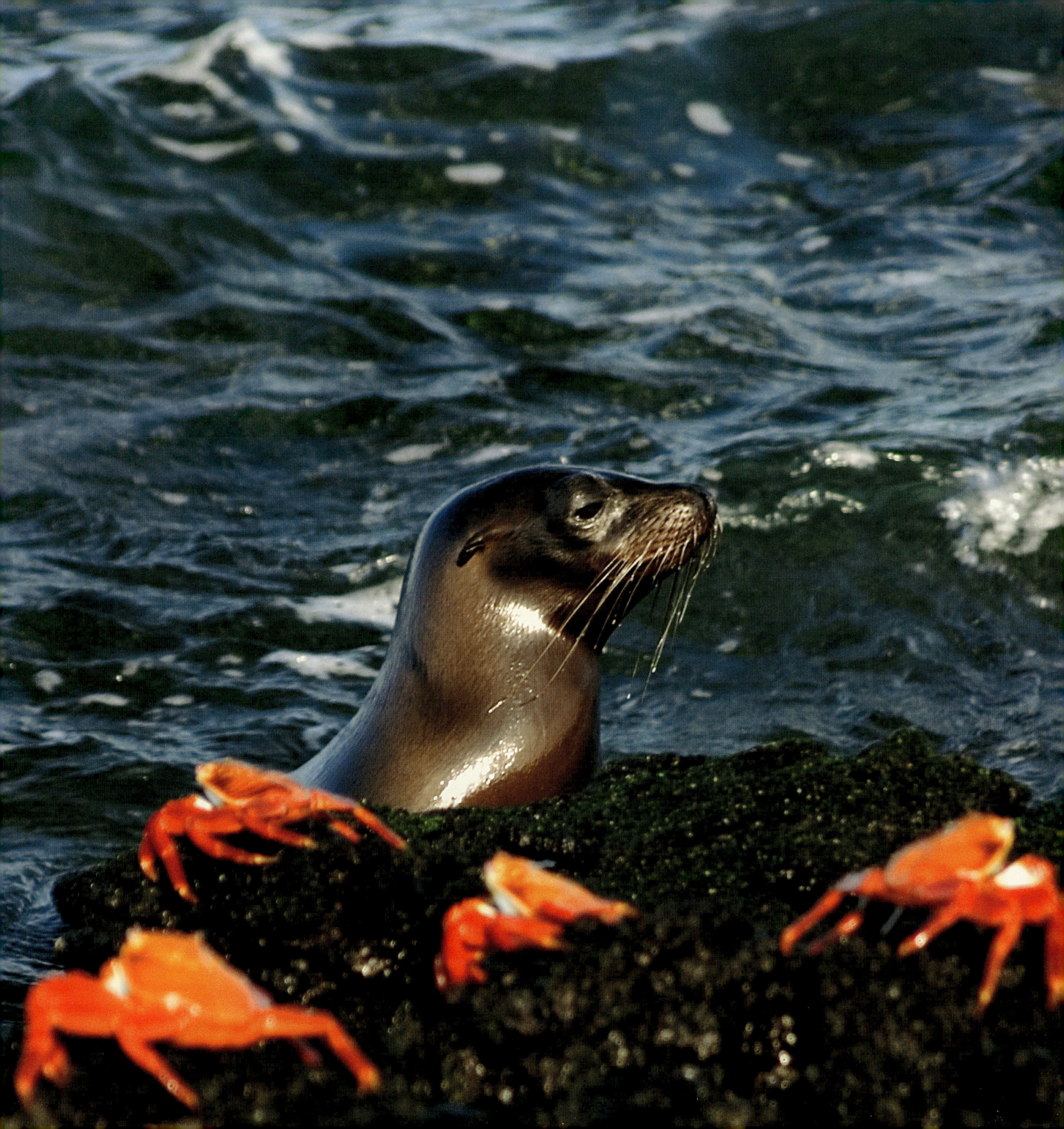

Lobo Marino de Galápagos (*zalophus wollebaeki*) y Zayapas (*Grapsus grapsus*).
Los lobos marinos son víctimas de la pesca accidental.

Volcán Sierra Negra. Isla Isabela, su cráter es el segundo más grande del mundo con 10 km de diámetro. Galápagos.

Iguana Marina de Galápagos (*Amblyrhynchus cristatus*) y Zayapas (*Grapsus grapsus*).

Lobo Marino en Isla Seymour norte con la Isla Daphne Menor en el fondo. Galápagos.

Cactu de Galápagos, Prickly Pear Cactus (*Opuntia echios*). Endémico de las Islas Galápagos. Sirve de alimento a las iguanas terrestres y tortugas.

Fragata Magnífica, Magnificent Frigatebird (*Fregata magnificens*). Su asombrosa combinación de tamaño y ligereza les permite planear sin esfuerzo sobre el mar. Galápagos.

Piquero Patiazul, Blue-footed Booby (*Sula nebouxii*). Incuban durante 44 días una puesta de un huevo (a veces 2 o 3). Isla Seymour Norte, Galápagos.

Lagartijas de Lava, Lava Lizards (*Microlophus albemarlensis*). Son parte importante en la dieta del Gavilán de Galápagos.

Las grietas. Isla Santa Cruz, Galápagos.

Playa Las Bachas. Isla Santa Cruz, Galápagos.

Zayapa o Abuete Negro, Red Rock Crab (*Grapsus grapsus*). No es comestible y se lo usa como señuelo para pescar. Galápagos.

Solitario Jorge, Solitary George (*Chelonoidis abingdonii*). Es el último individuo que se conoce de su especie y se estima que tiene entre 70 y 80 años de vida. Es concebible que Jorge tenga hermanos en la isla Pinta. Galápagos.